AF197174

SCM

Stiftung Christliche Medien

SCM ist ein Imprint der SCM Verlagsgruppe,
die zur Stiftung Christliche Medien gehört, einer gemeinnützigen
Stiftung, die sich für die Förderung und Verbreitung christlicher
Bücher, Zeitschriften, Filme und Musik einsetzt.

© 2021 SCM Verlag in der SCM Verlagsgruppe GmbH
Max-Eyth-Straße 41 · 71088 Holzgerlingen
Internet: www.scm-verlag.de; E-Mail: info@scm-verlag.de

Hier findest du die Weihnachtsgeschichte in der Bibel:
Der Engel spricht mit Maria: Lukas 1,26–38
Der Engel spricht mit Josef: Matthäus 1,18–25
Die Reise nach Betlehem und der Besuch der Hirten: Lukas 2,1–20
Der Besuch der Sterndeuter: Matthäus 2,1–12

Für meine Mutter,
die beste Geschichtenerzählerin

Gesamtgestaltung: Kathrin Spiegelberg, www.spika-design.de
Titelbild: Emiliano Migliardo
Druck und Verarbeitung: dimograf
Gedruckt in Polen
ISBN 978-3-417-28922-0
Bestell-Nr. 228.922

Agnes Spiecker

Emiliano Migliardo (Illustration)

Die Weihnachtsgeschichte

Mein Vorlese-Wimmelbuch

Auf jedem Bild hat sich die kleine Maus Luki versteckt. Kannst du sie entdecken?

Vor über zweitausend Jahren lebte in der Nähe der Stadt Nazareth die kleine Maus Luki. Eines Tages hatte Luki viel zu tun: Der Eingang seines Mauselochs war eingestürzt. Irgendjemand war wohl in der letzten Nacht einfach daraufgetreten.

Luki schüttelte den Kopf. »Diese Menschen!«, dachte er. »Sie kümmern sich immer nur um die großen Dinge, die kleinen übersehen sie.«

Mühsam schob er die Erde zur Seite und streckte seine Nase nach draußen. Das helle Sonnenlicht blendete ihn und er musste niesen.

Luki kletterte nach oben. Dann klopfte er mit beiden Pfoten die Erde am Eingang wieder fest. »So, das wird jetzt halten«, sagte er zufrieden.

Die Arbeit hatte Luki hungrig gemacht, und so lief er los, um etwas Essbares zu suchen. Vielleicht gab es auf dem Feld ein paar Körner, die die Bauern bei der Ernte übrig gelassen hatten? Oder er fand eine Mandel? Mandeln mochte er besonders gern.

Luki schnupperte hier und dort. Doch leider fand er nichts.

Weil er so beschäftigt war, merkte er gar nicht, wie weit er gekommen war: Hier standen schon die ersten Häuser der Stadt. Es waren einfache Häuser aus Lehm, die alle ein flaches Dach hatten.

Neugierig schaute Luki um eine Hausecke. Wer hier wohl wohnte?

Er spazierte an der Wand entlang und stoppte überrascht vor einer Treppe, die auf das Hausdach führte. »Was für hohe Stufen«, dachte er.

Als er weiterlaufen wollte, fiel plötzlich ein dunkler Schatten über ihn.

 **Wie viele Vögel findest du?**

 **Siehst du Maria? Was macht sie?**

 **Entdeckst du Lukis Mauseloch?**

Luki blickte nach oben und sah eine dunkelgraue Katze die Treppe herunterkommen. Mit den Vorderpfoten stand sie schon auf der untersten Stufe.

Hatte sie ihn entdeckt? Was sollte er tun? Wo sollte er hin?

Luki flitzte los. Da! Der Hauseingang!

Nur ein langer Stoff hing davor.

Luki huschte darunter hindurch. Drinnen war es düster, weil durch ein kleines Fenster nur wenig Licht fiel.

Schnell, schnell! Luki brauchte ein sicheres Versteck.

An der einen Wand lehnten Strohmatten, in der Ecke lagen Körbe. Dazwischen gab es eine winzige Spalte. So ein Glück!

Gerade noch rechtzeitig schlüpfte Luki hinein.

Aus seinem Versteck heraus sah er nun eine junge Frau. Sie trug ein einfaches blaues Kleid. »Sch, sch!«, rief sie und scheuchte die Katze aus dem Haus.

»Mich hat sie aber nicht entdeckt«, dachte Luki erleichtert.

Die Frau nahm einen Besen und begann, den Boden zu kehren. In der Mitte des Raumes stand ein Tisch aus Holz mit zwei Hockern. Daneben gab es einen Schlafplatz und im hinteren Bereich eine Feuerstelle zum Kochen.

»Maria«, rief plötzlich eine Stimme von draußen. Eine andere Frau schob den Vorhang zur Seite und sagte zu der Frau mit dem blauen Kleid: »Lass uns Wasser am Brunnen holen gehen!«

Maria nickte, griff nach einem Tonkrug und ging hinaus.

Luki war froh, dass er jetzt allein war. Er huschte zur Feuerstelle und entdeckte dort einige Brotkrümel. Endlich ein gutes Frühstück! Zufrieden knabberte er daran.

 *Findest du diese Spinne?*

 *Wo ist die Ameise?*

 *Wie viele Büschel mit Kräutern siehst du?*

Doch schon bald hörte er Maria zurückkommen und musste sich wieder verstecken. Maria hatte einen vollen Krug mitgebracht und goss jetzt Wasser in einen Becher.

Als sie sich zum Trinken auf einen Hocker setzte, wollte Luki die günstige Gelegenheit nutzen: Jetzt war sie abgelenkt, sodass er unbemerkt nach draußen verschwinden konnte. Aber auf einmal wurde es so hell in dem kleinen Haus, dass Luki sich erschrocken wieder zwischen den Körben verkroch.

Maria sprang auf und ließ den Becher fallen.

Was war hier los?

Es dauerte eine Weile, bis sich Lukis Augen an das helle Licht gewöhnt hatten. Doch dann sah er eine merkwürdige Gestalt mitten im Zimmer stehen. Es war ein Engel!

»Maria«, sagte er mit freundlicher Stimme, »hab keine Angst! Du wirst bald ein Kind bekommen. Dieses Kind soll Jesus heißen. Es wird Gottes Sohn sein.«

Luki war so erstaunt, dass er gar nicht mitbekam, was Maria dem Engel antwortete. Konnte das wirklich sein, dass Gottes Sohn auf die Welt kommen würde? Fassungslos schüttelte er den Kopf. So etwas hatte er in seinem ganzen Mauseleben noch nicht erlebt! Er schaute zu Maria hinüber, die immer noch mit dem Engel redete.

Dann verschwand der Engel plötzlich.

Maria schien sehr nachdenklich zu sein, aber sie lächelte.

Ziemlich durcheinander lief Luki nun nach draußen. Er wollte nur nach Hause. Zum Glück war von der Katze weit und breit nichts mehr zu sehen, sodass er sicher zu seinem Mauseloch kommen konnte.

 **Wo steht dieser Krug?**

 **Wie viele Körbe kannst du sehen?**

 **Wer schaut durch das Fenster herein?**

So viele Fragen purzelten durch Lukis kleinen Kopf:

Wieso war der Engel denn ausgerechnet zu Maria gekommen?

Ein Gotteskind musste doch in einem Schloss wohnen, oder nicht?

Warum war Maria dann keine Königin?

Und was hatte Gott wohl mit diesem Kind vor?

Auf alle diese Fragen fand Luki keine Antwort. Nur eins stand für ihn fest: Gott hatte bestimmt einen ganz besonderen Plan, und Luki wollte wissen, wie es weitergehen würde.

Schon früh am nächsten Morgen machte er sich deshalb wieder auf den Weg zu der Stadt Nazareth. Schon von Weitem sah er, dass Maria draußen vor ihrem Haus stand. Neben ihr war ein Mann. Die beiden unterhielten sich miteinander.

Als Luki näher kam, konnte er verstehen, was sie sagten. »Josef«, sagte Maria gerade, »du bist mein Verlobter. Ich weiß, dass das alles sehr merkwürdig klingt.« Bestimmt hatte sie ihm gerade von dem Engel erzählt.

Josef schwieg eine Weile.

»Er glaubt ihr nicht«, dachte Luki traurig. »Was wird er jetzt wohl tun?« Vor lauter Aufregung hielt Luki die Luft an.

Doch da sagte Josef: »Letzte Nacht hat mich im Traum auch ein Engel besucht. Er hat mir von Jesus erzählt. Keine Sorge, Maria – ich werde mich um dich und das Kind kümmern. Wir gehören zusammen.«

Er nahm Marias Hand und gemeinsam gingen sie ins Haus.

Das war noch einmal gut gegangen! Luki freute sich.

 *Siehst du Josef?*

 *Zähle alle gelben Blumen. Wie viele sind es?*

 *Wo ist die graue Katze?*

In den nächsten Tagen schaute Luki oft bei dem Haus vorbei. So bekam er auch mit, dass Maria zu einer Reise aufbrach: Sie wollte ihre Cousine Elisabeth besuchen und ein paar Wochen bei ihr bleiben.

In der Zwischenzeit war Josef sehr fleißig. Er war Zimmermann und konnte Möbel aus Holz herstellen: Tische, Stühle, Schränke und Bänke. Jeden Tag sägte und hämmerte er. In seiner Werkstatt gefiel es Luki.

Endlich kam Maria zurück. Ihr Bauch war schon ein bisschen dicker geworden. Sie begann, Stoffe herzurichten, in die sie wohl das Baby wickeln wollte, wenn es geboren war.

Luki war ungeduldig. Immer nur warten, warten, warten. Das Kind sollte doch endlich kommen!

So verging die Zeit.

Als Luki eines Morgens um die Hausecke schaute, staunte er: Viele Leute standen auf dem großen Platz hinter Josefs Werkstatt. Was war denn hier los?

»Geht doch mal zur Seite, ich möchte auch etwas sehen!«, hätte Luki am liebsten gerufen. Aber wer nahm schon Rücksicht auf eine kleine Maus?

Aufgeregt unterhielten sich die Leute. »Ein Bote des Kaisers ist unterwegs zu uns«, sagte der eine.

»Er soll gleich da sein«, meinte ein anderer.

Jetzt entdeckte Luki auch Josef. Er stand neben ein paar Männern. »Was will der Kaiser Augustus nur von uns?«, fragte er stirnrunzelnd.

Plötzlich wurde es still. Luki hörte hinter sich nur das Klappern von Pferdehufen. Die Leute drängten sich an den Wegrand, um einen Reiter durchzulassen. Luki konnte sich gerade noch mit einem großen Sprung hinter einen Stein retten.

 **Wo steht Josefs Axt?**

 **Findest du diese Säge?**

  **Wie viele Krüge entdeckst du?**

Der Bote zügelte sein Pferd. Dann rief er laut: »Ich komme aus Rom mit einer Nachricht des Kaisers Augustus! Er möchte alle Menschen seines Landes zählen. Dafür muss jeder in seine Heimatstadt reisen und sich dort in eine Liste eintragen lassen.«

»Aber das ist eine weite Reise! Ich muss nach Betlehem, weil meine Familie von dort kommt«, rief Josef aufgeregt.

Doch der Reiter achtete gar nicht auf ihn. Das war ein Befehl des Kaisers, daran gab es nichts zu rütteln. Jeder musste gehorchen.

Aufgeregt lief Luki zu Josef hinüber. Es war gar nicht so einfach, zwischen den vielen Füßen der Leute hindurchzukommen.

Josef ging sofort zu Maria. Sie saß auf einer Bank vor dem Haus und nähte eine Decke für das Baby.

»Maria«, sagte Josef, »ich muss nach Betlehem. Der Kaiser hat es befohlen. Auch du musst mitkommen. Wir müssen uns schon bald auf den Weg machen.« Er setzte sich zu ihr.

»Ausgerechnet jetzt?« Maria schüttelte den Kopf. »Was soll denn dann aus dem Baby werden? Es wird doch bald geboren.« Ängstlich sah sie ihn an.

»Wir können nicht warten«, erklärte Josef. »Es ist besser, wenn wir gleich morgen früh aufbrechen. Vielleicht schaffen wir dann die Reise nach Betlehem, bevor das Kind auf die Welt kommt. Und in Betlehem finden wir sicher einen guten Platz, wo wir bleiben können. Gott wird auf dich aufpassen, auf dich und das Kind.«

Luki merkte, dass Josef Maria trösten wollte. Gerne hätte er ihr auch geholfen. Aber er war ja nur eine kleine Maus.

Trotzdem wollte Luki unbedingt mit auf diese Reise gehen. Das konnte ein großes Abenteuer werden!

 **Was hält diese Frau in ihren Händen?**

 **Siehst du den Boten des Kaisers?**

 **Wie viele Männer haben einen Bart?**

In dieser Nacht schlüpfte Luki deshalb mit ins Haus, damit er den Aufbruch am nächsten Morgen nicht verpassen würde. Er versteckte sich hinter den Tonkrügen und schlief bald ein.

Doch schon in aller Frühe hörte er die Stimmen von Maria und Josef. »Lass uns losgehen, Maria«, sagte Josef gerade. »Es ist ein weiter Weg.«

»Jetzt aber schnell!«, dachte Luki. Er lugte aus seinem Versteck. Am Boden lag eine Decke, die an ihren vier Ecken zu einem Bündel zusammengeknotet war. Das war bestimmt das Reisegepäck. Als Maria und Josef gerade nicht herschauten, huschte Luki mit wenigen Sprüngen hinüber und schlüpfte hinein. Geschafft! Die Reise konnte beginnen.

Gleich darauf spürte Luki, wie jemand das Bündel hochhob. »Maria, komm! Joel wird dich tragen.«

Wer war denn Joel? Das musste aber ein starker Mann sein. Neugierig blickte Luki nach draußen. Es war noch dämmrig und außer Maria und Josef war niemand zu sehen. Joel wollte wohl doch nicht mitkommen. Luki ärgerte sich. Maria hätte die Hilfe gut gebrauchen können.

Aber was war das nun wieder? Von seinem Platz im Bündel konnte Luki nur etwas großes Graues erkennen. Schnell zog er den Kopf zurück.

»Iiaah, iiaah!«, tönte es da laut durch die Straße.

Ach so war das: Joel war ein Esel!

»Der Nachbar hat ihn uns ausgeliehen«, sagte Josef. »Du kannst auf ihm reiten, Maria.« Er half seiner Verlobten auf den Esel. Auch das Reisegepäck befestigte er auf dem Rücken des Tieres. Dann löste er den Knoten des Seils, mit dem der Esel an einem Baum angebunden war.

 **Was macht die graue Katze?**

 **Wie viele Menschen sind schon wach?**

 **Wo schläft dieser Steinbock?**

Einen Augenblick später trottete der Esel den steinigen Weg entlang. Josef hielt das Seil locker in der Hand, während das Bündel gemütlich hin und her schaukelte.

Luki fühlte sich wohl und war schon bald wieder eingeschlafen.

Als er aufwachte, war es Mittag. Der Esel stand im Schatten und knabberte an ein paar Blättern. Josef hatte das Gepäck auf den Boden gelegt.

»Aha, jetzt machen wir wohl eine Pause«, dachte Luki.

Aber schon bald sagte Josef: »Wir müssen weiter.«

Also brachen sie wieder auf. Als es Abend wurde, suchten sie nach einem Platz zum Schlafen.

So ging es viele Tage lang: Laufen, laufen, laufen! Manchmal regnete es, manchmal schien die Sonne. Nachts war es oft kalt.

»Hoffentlich hält Maria das aus«, dachte Luki besorgt.

Eines Morgens sagte Josef zu Maria: »Heute kommen wir nach Betlehem.«

Und wirklich: Als Luki nachmittags aus dem Bündel heraussah, entdeckte er am Ende der Straße ein paar Häuser. Das musste Betlehem sein.

Es wurde aber auch Zeit! Hier würden Maria und Josef sicher einen schönen Platz finden, wo sie bleiben konnten.

Auf dem Weg kam ihnen ein Mann entgegen.

»Guten Tag«, grüßte Josef. »Kannst du uns sagen, wo es hier ein freies Zimmer gibt? Wir haben eine weite Reise hinter uns und brauchen einen Platz zum Übernachten.«

 **Wie viele Bienen siehst du?**

 **Findest du die graue Katze?**

 **Wo ist Josef?**

»Einen Platz zum Übernachten?« Der Mann lachte. »Da werdet ihr kaum etwas finden! In den letzten Tagen sind schon so viele fremde Leute hierhergekommen. Aber ihr könnt ja dort fragen.« Er deutete auf ein Haus in einer Seitenstraße.

»Danke«, sagte Josef.

Inzwischen war es Abend geworden. Josef half Maria, von dem Esel abzusteigen. Dann gingen sie auf das Haus zu und klopften an die Tür.

Ein Mann öffnete. »Wer seid ihr denn? Was wollt ihr hier?«, fragte er unfreundlich.

»Das ist Maria und ich heiße Josef. Wir waren lange unterwegs und sind sehr müde. Maria wird bald ein Kind bekommen, deshalb brauchen wir dringend eine Unterkunft. Habt ihr vielleicht ein Zimmer für uns?«

Der Mann schüttelte den Kopf. »Nein, hier ist nichts frei. Ich habe keinen Platz mehr.« Und schon hatte er die Tür wieder geschlossen.

Josef und Maria sahen sich enttäuscht an. Wo sollten sie nur hin? Der Esel stupste Maria an der Schulter, als wollte er sie trösten.

»Wartet!«, rief da eine Frau, die gerade ihren Kopf zum Fenster herausstreckte. »Bei uns ist wirklich alles voll, aber hinten am Ortsrand ist unser Stall. Da stehen ein Ochse und zwei Schafe, es gibt auch genügend Stroh und Heu. So wird es nicht zu kalt sein. Wenn ihr wollt, könnt ihr gerne dort bleiben.«

Luki dachte, er hätte sich verhört: Sie konnten doch nicht in einem Stall schlafen! Gottes Sohn sollte bald geboren werden. Er musste doch in einem Schloss wohnen! Er musste schöne Kleider haben und viele Diener sollten für ihn da sein.

Aber Maria lächelte. »Danke«, sagte sie leise.

 **Wo liegen diese Musikinstrumente?**

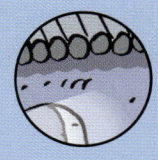 **Wer läuft über das Dach dieses Hauses?**

 **Wie viele zusammengerollte Strohmatten siehst du?**

Im Stall war es nicht besonders hell. Der Ochse und die beiden Schafe ließen sich von den Neuankömmlingen nicht stören, sondern fraßen einfach weiter.

Kaum stand der Esel neben ihnen, begann er ebenfalls, zufrieden an dem Heu zu knabbern.

Josef breitete eine Decke aus, auf die Maria und er sich setzten. Aus dem Bündel zogen sie ein kleines Brot und ein Stück Käse.

Luki hatte sich rechtzeitig im Stroh versteckt und nagte nun an den Krümeln. Aber er wurde nicht richtig satt.

Deshalb beschloss er, sich draußen noch einmal genau umzusehen.

In der Nähe des Stalls standen zwei Pferde, die vor einen Wagen gespannt waren. An den Wagen hatte jemand ein Brett als Rampe gelegt, sodass Luki leicht hinaufklettern konnte.

Vielleicht war auf diesem Karren ja Getreide oder Obst transportiert worden? Dann gab es bestimmt noch ein paar Reste darin.

Doch kaum war Luki oben angekommen, nahm ein Mann das Brett weg, setzte sich vorne auf den Wagen und rief den Pferden »Hüh, hüh!« zu.

Schon fuhren sie los.

»Halt, halt!«, rief Luki laut. »Ich muss in den Stall. Ich will zurück!«

Aber natürlich achtete niemand auf den blinden Passagier.

Die Räder rollten und rollten und Luki wurde auf dem holprigen Weg kräftig durchgeschüttelt. Doch endlich stoppte der Mann den Wagen. Luki sah ihn in ein Haus gehen. Hier gab es nur noch dieses eine. Dahinter waren Felder.

 Zähle alle Vögel! Wie viele sind es?

 Wo steht diese Palme?

 Sieh genau hin:
Kannst du diese Wolke finden?

Mit einem großen Satz sprang Luki vom Wagen und lief Richtung Felder. Er spürte jetzt wieder, dass er Hunger hatte. Zum Glück fand er auf dem Boden immer wieder ein Körnchen.

Plötzlich hörte er eine Stimme. »Jakob, mach doch Feuer! Es ist dunkel und kalt.«

In Lukis Nähe hatte ein Mann Äste und Zweige zu einem Haufen zusammengetragen. Nun rieb er zwei Steine aneinander, bis ein Funke die Zweige zum Glimmen brachte. Geschickt entfachte der Mann schließlich ein loderndes Feuer.

Im Schein der Flammen sah Luki viele Schafe, die sich dicht zusammengedrängt hatten. Ein Hund lief um die Herde herum. »Bestimmt muss er sie bewachen«, überlegte Luki. Er war froh, dass der Hund beschäftigt war und wohl kaum auf eine winzige Maus achten würde.

Jetzt rief Jakob: »Simon, David, Aaron, kommt doch her!«

Die anderen Männer kamen. Sie wickelten sich in Decken und setzten sich nah ans Feuer, um sich zu wärmen.

Luki beobachtete die Schafe und lauschte gleichzeitig dem Gespräch der Männer.

»Wir arbeiten schon so lange hier draußen, aber viel Geld bekommen wir nicht dafür«, sagte Simon.

»Ach, Simon«, meinte Jakob, »wer kümmert sich schon um uns Hirten? Die Leute denken, dass wir nicht so wichtig sind. Vielleicht findet Gott das ja auch.«

»Aber auf die Schafe muss doch jemand aufpassen«, antwortete David trotzig. »Irgendwann wird einer kommen, der auch für uns da ist. Ich bin mir sicher!«

 Was macht der Hund?

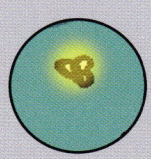 Wie viele Glühwürmchen entdeckst du?

 Worauf sitzt dieser Hirte?

»Ich werde jetzt schlafen«, sagte Aaron und legte sich auf ein Schaffell am Boden. »Weckt mich, wenn ihr wilde Tiere seht.«

Es wurde still am Feuer.

Luki hatte sich ein gutes Versteck zwischen ein paar Steinen gesucht. Hier fühlte er sich sicher. In der Dunkelheit konnte er den Weg zurück nach Betlehem ohnehin nicht finden. Deshalb wollte er hier übernachten und es am nächsten Morgen versuchen. Luki hatte noch nicht lange geschlafen, als er auf einmal viele aufgeregte Stimmen hörte.

»Aaron, wach auf!« – »Simon, was ist hier los?« – »Seht doch nur den Himmel an: Es ist ja gar nicht mehr dunkel!« – so riefen die Hirten durcheinander.

Luki schaute aus seinem Versteck heraus und bemerkte ebenfalls, dass es hell geworden war. Hatte er verschlafen? War es wirklich schon wieder Tag? Das konnte doch nicht sein. Er sah zu den Hirten hinüber, die ängstlich zusammenstanden. Bei ihnen erkannte er nun eine besondere Gestalt – einen Engel!

Die Hirten erschraken, aber der Engel beruhigte sie. »Habt keine Angst!«, sagte er. »Ich bringe euch eine gute Nachricht, eine große Freude für alle Menschen. Euer Retter – Christus, der Herr – ist heute Nacht geboren worden. Und daran könnt ihr ihn erkennen: Ihr werdet das Kind finden. Es ist in Windeln gewickelt und liegt in einer Futterkrippe.«

Nun erschienen noch viele andere Engel, die gemeinsam den Hirten zuriefen: »Ehre sei Gott in der Höhe und Friede auf Erden! Gott hat die Menschen lieb!«

 Wie viele Engel siehst du?

 Welches Tier steht hinter diesen Sträuchern?

 Findest du zwei Hasen und ein Eichhörnchen?

Dann wurde der Himmel wieder dunkel und die Engel waren nicht mehr zu sehen.

Luki staunte: Jesus, Gottes Sohn, war also schon geboren worden. Das hatte der Engel gesagt. Er hatte es genau gehört. Luki wollte sofort zurück zum Stall.

Auch die Hirten waren aufgeregt. »Kommt, kommt! Wir müssen nach Betlehem.«

»Unser Retter, in einer Krippe? Merkwürdig!«

»Lasst uns gleich aufbrechen!«, riefen sie einander zu.

Nur der alte Hirte Aaron wollte bei den Schafen bleiben und erst später nach dem Kind sehen. Die anderen packten eilig ihre Decken zusammen. Dies war eine ganz besondere Nacht: Ein Engel hatte ihnen von der Geburt des Retters erzählt.

Also kümmerte sich Gott doch um die Hirten! Sie waren ihm nicht egal, denn sie hatten diese frohe Botschaft als Erste gehört.

Luki schlüpfte aus seinem Versteck und lief den Hirten hinterher. Doch sie waren schon mit großen Schritten losgegangen, nein, losgerannt. Sie wollten so schnell wie möglich nach Betlehem. Sosehr Luki sich auch beeilte, er konnte die Männer nicht mehr einholen. Er war erschöpft und außer Atem. Schließlich sah er in der Ferne nur noch den Schein einer Fackel, die einer der Hirten mitgenommen hatte.

Enttäuscht hielt Luki an. Wie sollte er jetzt das Jesuskind sehen und begrüßen?

»Es wird sicher viele Tage dauern, bis ich diesen langen Weg geschafft habe«, dachte er traurig.

Da fiel ihm auf, dass es nicht völlig dunkel war. Am Himmel leuchtete ein besonders heller Stern. Wo kam denn der her? Luki wunderte sich.

 *Was hält dieser Hirte in der Hand?*

 *Welches Schaf schläft nicht?*

 *Zähle die Fledermäuse. Wie viele sind es?*

Mit Mäusebeinen und Mäuseschrittchen konnte Luki in dieser Nacht und am nächsten Tag nur ein kleines Stück des Weges zurücklegen. Abends suchte er sich ein sicheres Plätzchen zum Schlafen. Und am nächsten Morgen brach er wieder früh auf. So ging es einige Tage lang.

Als Luki sich eines Abends wieder ein gutes Versteck suchen wollte, sah er drei Männer die Straße entlangkommen. Zwar hatte er sich inzwischen an die vielen Menschen gewöhnt, die hier in der Nähe unterwegs waren. Aber diese drei waren anders als alle Übrigen: Sie gingen nicht zu Fuß, sondern ritten auf Kamelen. Und sie trugen bunte lange Mäntel und jeder hatte einen Turban auf dem Kopf. Wie merkwürdig!

Ein Bauer, der gerade aus seinem Haus getreten war, fragte: »Wer seid ihr? Woher kommt ihr?«

Da hielten die Männer die Kamele an. Einer von ihnen stieg ab und antwortete: »Wir sind Sterndeuter und kommen aus dem Morgenland. Jede Nacht beobachten wir den Himmel. Und vor Kurzem haben wir einen ganz besonderen Stern entdeckt. Dieser Stern ist ein Zeichen dafür, dass ein neuer König geboren wurde. Wir sind auf der Suche nach ihm.«

Der Bauer schüttelte den Kopf. »Warum sucht ihr ihn denn hier in Betlehem? Ein Königskind? Das muss doch im Palast in unserer Hauptstadt Jerusalem geboren werden. Dort lebt der König Herodes!«

Die Sterndeuter sahen sich an.

»Nein«, sagte der zweite, »in Jerusalem sind wir schon gewesen. Wir haben König Herodes getroffen, aber er wusste nichts von einem Kind. Deshalb folgen wir weiter dem Stern. Jede Nacht zeigt er uns den Weg.«

 **Suche einen Schmetterling!**

 **Wie viele Möhren hat diese Frau in ihrem Korb?**

 **Findest du die graue Katze?**

Der Bauer konnte das wohl nicht glauben. Er zuckte mit den Schultern und ging zurück ins Haus.

Luki aber wusste genau, dass die drei Männer auf dem richtigen Weg waren. Dieses Mal wollte er es nicht verpassen mitzukommen!

Unbemerkt kletterte er am Mantel des einen Sterndeuters hinauf und versteckte sich in der Manteltasche. »Los, los«, dachte er, »beeilt euch!«

Die Sterndeuter ritten weiter.

Inzwischen war es Nacht geworden. Als Luki vorsichtig aus der Tasche heraus zum Himmel sah, entdeckte er wieder den besonderen Stern. Das musste er sein: der Königsstern. Hell und klar leuchtete er über Betlehem.

»Wir sind gleich da«, dachte Luki glücklich.

Und tatsächlich lenkten die Sterndeuter ihre Kamele direkt auf den Stall zu.

Luki war viel zu aufgeregt, um in der Manteltasche zu bleiben. Schnell hüpfte er heraus und schlüpfte in den Stall.

Hinter ihm traten die Sterndeuter in den Eingang.

Maria und Josef saßen nah beieinander an der Wand. In der Futterkrippe lag ein Kind. Es war in Stoffwindeln gewickelt und schlief.

Nun stand Josef auf und ging auf die Besucher zu.

»Der Stern hat uns hierher geführt. Euer Kind ist etwas ganz Besonderes«, sagte einer der Männer.

Mit einer Armbewegung lud Josef sie ein, näher zu kommen.

 Wie viele Tiere siehst du auf dem Bild?

 Welcher Sterndeuter hat einen roten Knopf an seinem Gewand?

 Entdeckst du dieses Haus?

Da gingen die drei Sterndeuter auf die Krippe zu und knieten sich davor. Voller Staunen schauten sie das kleine Kind an und beteten zu ihm.

Dann holten sie wertvolle Geschenke aus ihrem Gepäck. Geschenke, die nur Könige bekamen: eine kleine Kiste mit Gold, eine kleine Kiste mit Weihrauch und eine kleine Kiste mit einem besonderen Öl, Myrrhe.

Luki war auf einmal traurig. Die Besucher hatten Jesus so kostbare Dinge mitgebracht. Was sollte *er* ihm denn schenken?

Luki sah sich um, aber er hatte nichts und er fand nichts.

Als die Sterndeuter sich verabschiedeten, bemerkte niemand, dass Luki schnell an der Krippe hochkletterte.

Hier lag auf Heu und Stroh das Jesuskind: Gottes Sohn, der Retter der Welt.

Für ihn waren Engel zu den Hirten gekommen, für ihn war ein Stern aufgegangen, auf ihn hatten viele gewartet.

Hier war er auf die Welt gekommen, hier war dieses Wunder Wirklichkeit geworden – in einem Stall mit einem Ochsen und einem Esel. In einem Stall, in dem es dunkel und kalt war.

Da wusste Luki plötzlich, was er dem Jesuskind schenken konnte.

Vorsichtig lief er am Rand der Krippe entlang, bis er zum unteren Ende kam. Hier versteckte er sich zwischen einigen Strohhalmen und kuschelte sich ganz nah an die Füße des kleinen Jungen.

Er konnte Jesus keine wertvollen Geschenke bringen, aber mit seinem Fellchen schenkte er ihm in dieser Nacht ein bisschen Wärme.

 Welches Kamel hat eine grüne Decke?

 Wie viele Laternen siehst du?

 Wo hat der Adler sein Nest?